# 우리는 어떻게 **꿈**을 꿀까?

**민음** 바칼로레아 010

# 우리는 어떻게
# 꿈을 꿀까?

이자벨 아르눌프 ㅣ 박경한 감수 ㅣ 김성희 옮김

**민음in**

● 일러두기

1 본문 가장자리에 있는 사과 🍎는 이 책을 통해 반드시 이해해야 하는
  핵심 개념을 표시한 것입니다.
2 본문 아래쪽의 주와 장 뒤의 박스는 독자들이 본문 내용을 쉽게 이해할 수 있도록 한국어판에 특별히
  붙인 것입니다.
3 인명 및 지명 표기는 한글 맞춤법 통일안 및 외래어 표기 규정을 따랐습니다.
4 본문에 사용한 부호 및 기호의 뜻은 다음과 같습니다.
   ― 전집, 단행본: 『 』
   ― 신문, 잡지: 〈 〉
   ― 개별 작품, 논문, 기사: 「 」

차례

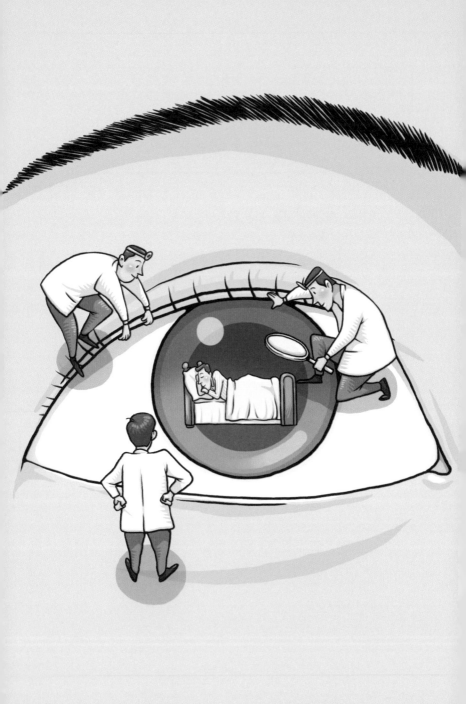

## 질문 : 우리는 어떻게 꿈을 꿀까?

매일 밤 우리는 잠을 잔다. 잠이 들면 일시적으로 듣지도, 말하지도, 보지도 못하고, 긴장이 풀린 무방비 상태가 된다. 하지만 우리가 잠을 자는 동안에도 뇌에서는 계속해서 생각을 하고 이미지, 소리, 느낌, 감정 등을 생산한다. 뇌가 이상하고 환상적인 시나리오를 짜고 온갖 것들을 등장시켜 한 편의 드라마를 연출하면, 우리는 그것을 지켜보거나 때로 직접 거기에 출연하기도 한다. 물론 잠에서 깨는 순간 우리는 뇌가 연출하는 밤의 무대에서 갑작스럽게 빠져나오게 된다. 하지만 어떤 경우에는 다른 세계를 살짝 엿봤던 기억이 희미하게 남을 때도 있다. 그것이 바로 꿈이다.

그런데 정말로 꿈이란 무엇일까? 미래에 대한 예지일까? 이

러저러한 해몽법으로 풀 수 있는 상징일까? 신이 전하는 비밀스러운 메시지일까? 우리의 무의식이 의식에 걸어오는 대화일까?

　오랜 옛날부터 인간은 꿈의 비밀을 밝혀내고자 노력했다. 하지만 20세기에 신경 과학이 폭발적으로 발전함에 따라 우리는 정상적인 뇌의 기능과 뇌의 병적 이상을 더 많이 이해할 수 있게 되었다. 사고, 기억, 감각이 어떤 메커니즘으로 움직이는지 과학적으로 연구할 수 있게 된 것이다. 그와 동시에 잠과 꿈에 대한 과학적 탐구도 시작되었다.

　독일의 신경 정신 의학자 한스 베르거[*]는 뇌파 기록을 통해 사람이 자고 있는 동안에는 뇌의 전기 활동이 느리게 일어나며, 깊이 잠들수록 더 느리게 나타난다는 사실을 보여 주었다.

　그 후 이십여 년이 지난 후인 1953년에 미국의 신경 의학자 너대니얼 클라이트먼[*]은 시카고 대학 연구실에서 제자인 유진

● ● ●

**한스 베르거**(Hans Berger, 1873~1941) 독일의 신경학자, 의사. 1924년에 처음으로 뇌에서 전기 신호가 검출된다는 것을 확인했고, 이후 1929년까지 실험한 결과 정상인의 뇌에서도 뇌파가 발생한다는 것을 검증했다. 베르거는 이 외에도 수면 시의 뇌전위 기록, 저산소증, 뇌 장애, 간질 발작이 있을 때 뇌에 미치는 효과 등을 최초로 발견했다.
**너대니얼 클라이트먼**(Nathaniel Kleitman, 1895~1999) 미국의 신경 의학자로 '수면 연구의 아버지'라고 불린다.

애서린스키와 함께 수면 중 안구 운동을 연구하다가 잠자는 동안에도 사람의 눈동자가 급속하게 움직이는 현상을 발견했다. 같은 연구실에 있던 윌리엄 디먼트는 이를 더욱 깊게 연구하여 수면 중에 뇌의 전기 활동이 90분마다 규칙적으로 빨라지고, 그때 잠을 자는 사람의 눈동자가 마치 깨어 있는 것처럼 움직인다는 사실을 확인했다. 혹시 실험 대상자들이 잠에서 깬 것은 아닐까 하고 생각하기도 했지만 근육이 완전히 이완되어 있었다는 것, 연구자들이 깨우자 일어나기도 힘들어하는 것 등으로 보아 실험 대상자들이 그때 수면 상태에 있었던 것은 확실했다. 잠에서 깬 후 실험 대상자들은 그 순간에 꿈을 꾸고 있었노라고 증언했다. 한편 1961년에 프랑스의 생리학자 미셸 주베˙는 우리가 한 가지 잠을 자는 것이 아니라 정수면(orthodox sleep)과 역설수면(paradox sleep)이라는, 서로 다른 두 가지 잠을 잔다는 사실을 발견했다.

눈과 턱, 그리고 머리 전체에 정밀한 측정 장치를 부착하여

● ● ●

미셸 주베(Michel Jouvet, 1925~ ) 프랑스 클로드 베르나르 대학에서 의학 박사 학위를 받았다. 1955년 이래로 리용 병원에서 실험 신경 생리학 연구를 이끌고 있다. 역설 수면, 뇌의 계통 발생 및 개체 발생 등을 발견했으며, 뇌의 주요 기능을 밝혀냈다.

뇌의 미세한 작용을 측정하는 뇌파 기록 장치를 통해서 과학자들은 마침내 꿈의 비밀을 밝혀 낼 수 있는 길을 열었다. 인간 의식에는 일정한 흐름이 있으며, 그 흐름은 의식 상태에 따라 약간씩 변화를 일으킨다는 것을 알게 된 것이다. 뒤이어서 과학자들은 잠의 중추가 무엇인지, 꿈의 중추는 또 무엇인지, 신경 경로는 어떻게 이루어져 있는지, 잠을 자고 있다거나 깨어 있다는 정보를 전달하는 물질은 무엇인지, 잠의 주기에 따라 뇌의 어떤 영역이 활성화하고 비활성화하는지를 알아내기 위한 연구를 계속해 나갔다.

한편 다른 분야에서도 잠과 꿈에 대한 연구가 진행되었다.

약학자들은 수면을 도와주는 약과 잠을 깨는 데 쓰는 각성제, 악몽을 유발하거나 없애는 약을 만들어 냈다. 신경학자들 역시 눈을 뜬 채로 꿈을 꾸는 환자, 꿈을 너무 요란하게 꾸다가 침대에서 떨어지거나 해서 다치기까지 하는 환자, 갑자기 역설 수면 상태에 빠지는 환자, 꿈을 전혀 꾸지 않는 환자들을 대상으로 잠과 꿈에 관련된 질환을 연구했다. 인지 심리학에서는 잠에서 깨어난 사람이 들려주는 이야기를 통해 주로 꿈의 내용에 대한 연구가 이루어졌다. 꿈의 내용을 체계적으로 수집하여 꿈 은행을 만들고, 꿈의 내용이 얼마나 다양한지, 사람이 꿈을 기억하는 능력은 어느 정도인지, 꿈 이야기 중에서 합리적이거나 환상적인 요소는 무엇이 있는지, 잠의 주기와 뇌파 활동은 꿈과 어떤 상관 관계가 있는지 등을 알아본 것이다.

꿈과 관련된 모든 과학 분야 중에서도 신경 생리학, 신경 약리학, 신경 정신 의학, 인지 심리학은 지난 수십 년 간 대단한 성과를 거두었다. 하지만 모든 학문이 그렇듯이, 연구가 완전히 끝난 것은 아니다. 우리는 이 책에서 꿈을 과학적으로 해명하기 위해 지금까지 험한 길을 개척해 온 과학자들의 연구 성과를 꼼꼼하게 살펴보고 앞으로의 과제를 점검해 보게 될 것이다.

# 뇌파는 정신 에너지를 찾다가 얻은 부산물?

1929년 독일의 신경학자 한스 베르거가 처음으로 뇌파를 측정하는 데 성공했다. 베르거는 편히 쉴 때와 머리를 쓸 때 각각 주파수와 진폭이 다른 전류가 나오는 것을 발견하고, 이를 각각 알파(α)파와 베타(β)파라고 이름 붙였다. 이후 베르거의 후학들은 두 가지 뇌파 외에도 여러 가지 파형의 뇌파가 있음을 밝혀 냈다.

현재 국제 뇌파 학회에서는 인간의 의식 상태에 따라 뇌파의 종류를 베타파, 알파파, 세타(θ)파, 델타(δ)파의 네 종류로 분류하고 있다. 주파수가 0.5~4Hz인 델타파는 깊이 잠들었을 때 나타나며, 4~7Hz의 세타파는 잠들기 직전 혹은 어린이에게서 흔히 보이는 뇌파이며 가끔씩 인간이 초능력을 발휘할 때도 관찰된다고 한다. (안영배, 《신동아》, 1997년 3월)

한스 베르거의 전기에 따르면, 그는 젊었을 때 정신 감응과 같은 경험을 한 이후로, 인간의 강력한 정신 에너지를 찾고자 뇌 연구를 계속했다고 한다. 결국 최초로 뇌파의 존재를 밝히고 알파파와 베타파를 발견하는 등 학문적인 성과를 거두었지만, 신비주의적인 동기에 부합하는 결과를 얻지는 못했다. 그러나 이후 베르거의 후예라고 할 수 있는 과학자들이 발견한 세타파에 베르거가 찾고자 했던 것과 비슷한 성질이 있음이 밝혀진 것은 참으로 공교로운 일이다.

# 1

우리는
어떻게 **잠**을 자는가?

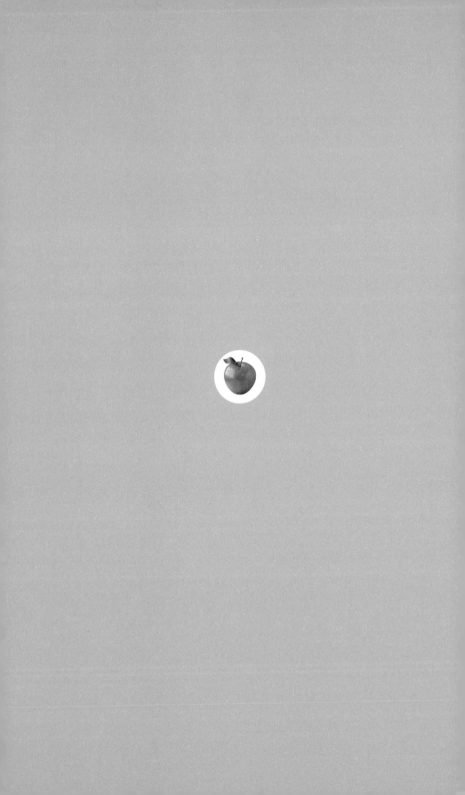

## 잠은 하나로 이루어져 있을까?

앞에서 간략하게 살펴보았듯이, 사람은 한 가지 형태의 잠만 자는 것이 아니라, 서로 다른 두 가지 형태의 잠을 잔다. 이두 가지 잠은 정수면과 역설수면이라고 불리며, 뇌의 표층, 즉 **대뇌피질**에 있는 신경 세포의 전기 활동을 기록한 뇌전도를 보면 쉽게 구별할 수 있다.

다음 쪽의 그림은 수면 다원 검사˚를 통해 사람 뇌의 전기활동(뇌전도 또는 뇌파)과 눈의 움직임, 그리고 근육의 긴장 정

• • • •

**수면 다원 검사** 수면과 관련하여 발생할 수 있는 장애들을 여러 가지 검사를 통해 확인하는 것. 검사 항목으로는 뇌파, 안전도, 심전도, 고골이 소리 등 십여 가지가 있다.

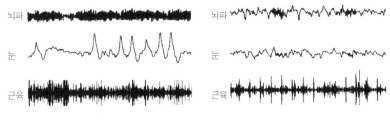

|  |  |
|---|---|
| 깨어 있을 때 | 깊은 수면(정수면) |

도를 동시에 측정해서 기록한 것이다. 사람이 깨어 있는지, 아니면 얕은 수면이나 깊은 수면 또는 역설수면 상태로 자고 있는지에 따라, 뇌(빠르거나 느리거나), 눈(움직이거나 움직이지 않거나), 근육(긴장되어 있거나 긴장이 풀렸거나)이 서로 다르게 활동하는 것을 볼 수 있다.

그럼 이제 정수면과 역설수면이 어떻게 다른지, 왜 위 그림과 같은 차이가 나타나는 것인지 차례대로 살펴보도록 하자.

### 정수면

정수면은 잠자는 시간의 4분의 3을 차지하는 수면 형태로, 서파 수면(徐波睡眠. slow-wave sleep)이라고 부르기도 한다. '천천할 서(徐)'가 들어간다는 데에서 알 수 있듯이, 정수면 상태에서 뇌의 신경 세포가 나타내는 전기 활동은 매우 느리다.

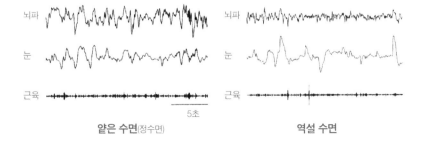

뇌파

눈

근육

5초

**얕은 수면**(정수면)

뇌파

눈

근육

**역설 수면**

이때 신경 세포에서 방전되는 전류는 무척 약해서 1마이크로 볼트* 정도밖에 되지 않으며, 깨어 있을 때보다 훨씬 드물게 나타난다(1초에 0.5~7회). 사람이 깨어 있는 경우, 완전히 긴장을 푼 상태에서 눈을 감고 평안하게 있을 때는 1초에 8회, 생각을 하거나 사물을 쳐다볼 때는 1초에 100회 이상 전류를 내보내는 것과 매우 대조적이다.

세포 하나만 그러는 것이 아니다. 일단 정수면 상태가 되면 신경 세포는 동조 현상을 일으켜, 점차 주위에 있는 세포들과 같은 리듬으로 방전하게 된다. 이 말이 무슨 뜻일까?

세포 하나하나를 사람이라고 치고, 광장에서 사람들이 자기

● ● ●

**마이크로볼트** 100만 분의 1 볼트를 말한다.

갈 곳을 향해 이쪽저쪽으로 자유롭게 걸어 다니는 모습을 떠올려 보자. 그중에는 멈춰 서 있는 사람도 있고, 뛰어가는 사람도 있을 것이다. 사람이 깨어 있을 때 신경 세포는 이렇게 들뜬 무질서를 나타낸다. 반면, 정수면 상태의 신경 세포는 느리고 일정한 리듬을 따라 발맞추어 걷고 있는 군대와 같다. 이때에는 사람들의 걷는 소리가 겹쳐지면서 그 소리가 더 커지게 된다. 이와 마찬가지 원리로 모든 신경 세포가 동시에 방전하면서 생기는 전파는 전압이 더 높아질 수밖에 없으며, 이를 두고 **진폭**이 커졌다고 말한다.

정수면은 두 가지 상태로 구분된다. **얕은 수면**은 전기 활동이 약간 느리게 나타나고(1초에 3~7회), 뇌파의 진폭이 크지 않으면서 동조 현상이 거의 없으며, **깊은 수면**은 전기 활동이 아주 느리게 나타나고(1초에 0.5~3회), 뇌파의 진폭이 매우 크다. 사람의 경우 얕은 수면은 다시 두 단계로 나뉘는데, 막 잠이 드는 상태에 해당하는 **1단계**가 수면 시간의 5퍼센트 정도를 차지하고, 그 다음 상태인 **2단계**가 수면 시간의 55퍼센트를 차지한다. 깊은 수면은 수면 시간의 20퍼센트를 차지하는데, 뇌파가 얼마나 느리게 나타나느냐에 따라 **3단계**와 **4단계**로 나뉜다.

깊은 수면 시기의 뇌는 깨어 있을 때에 비해 에너지를 3분의 1만 소비한다. 신경 세포 차원에서 보면 신경 세포가 사용할 수 있는 유일한 당분인 **포도당**과 산소를 더 적게 소비하는 것이 라 할 수 있다.

정수면일 때 나타나는 많은 현상 중 하나로 근육의 긴장이 풀리는 것을 들 수 있다. 이 현상 때문에 잠이 든 사람은 쉽게 눈에 띈다. 눈꺼풀 근육에 긴장이 풀려 눈이 감기고, 목 뒷부분의 근육에 힘이 빠져 머리를 떨어뜨리거나 고개를 꾸벅거리고, 혀와 목젖의 근육이 느슨해지면서 코까지 골아 댄다. 하지만 이 경우에도 근육의 힘이 약간 남아 있기 때문에 의자 같은 데서 떨어지지 않고 앉은 채로 잘 수 있다.

정수면 상태에서는 눈동자가 더 이상 움직이지 않는다. 단 잠이 드는 도중에는 눈동자가 방향성 없이 조금씩 움직이는데, 이때 눈동자가 아래위나 좌우로 움직이는 것을 느낄 수 있다. 호흡은 **뇌간**의 명령에 따르는데 깊고 규칙적이다. 심장은 천천히 고르게 뛰고, 동맥 혈압은 감소하며, 피부 혈관은 팽창한다. 잘 자고 있는 아이가 혈색이 발그레한 것은 이 때문이다. 그리고 피가 체내에서부터 열을 가지고 피부 표면까지 오기 때문

● ● ●

**에너지 소비** 에너지는 탄수화물이 분해되어서 나타나는 포도당과 산소가 결합하면서 내는 열에서 발생한다.

잘 자고 있을 때 심장은 천천히 고르게 뛰고
동맥 혈압은 감소하며 피부 혈관이 팽창해 얼굴이 발그레해진다.

에, 잠든 아이의 피부는 매우 따뜻하다. 아주 깊이 잠든 경우 머리에 땀이 조금 맺히기도 한다. 자는 동안 이렇게 열을 밖으로 배출하기 때문에 반대로 뇌와 내장의 온도는 내려간다.

잘 때는 소변도 적게 만들어진다. 신장이 휴식에 들어가면서 노폐물을 거르는 작업이 줄어들고, 이어서 항이뇨 호르몬이 만들어지면서 소변을 방광으로 보내지 말라는 메시지가 전달되기 때문이다. 꽤 커서까지 이불에 지도를 그리는 아이들은 그 가족 모두가 유전적인 이유로 밤에 항이뇨 호르몬을 적게 분비한다는 사실이 밝혀진 적이 있다. 수도꼭지를 제때 잠그지 못해서 대야에 물이 넘치듯이, 소변을 그만 보내라는 메시지가 늦게 도착한 탓에 방광에 소변이 너무 많이 모인 것이다. 그러니 이제는 오줌싸개를 보고 동생이 태어나서 관심을 받으려고 그런다거나 학교에서 스트레스를 받은 탓이라고 말하지 말고, 호르몬에 문제가 있는 건 아닌지 일단 알아볼 일이다.

그런데 자는 동안 신체 기능을 늦추고 줄이는 일만 일어나는 것은 아니다. 깊은 수면은 잠을 자기 시작해서 처음 세 시간 동안 일어나는데, 그때 성장 호르몬이 뇌의 명령을 받아 몸속 곳곳의 뼈와 근육에 전달된다. 크게 자라도록 하라는 명령이다. 할머니가 손자들에게 "자야지 키가 큰다."라고 하는 말씀은 전적으로 지당한 것이다. 또 자는 동안에 뼈와 근육이 만들어지면서 신경 세포막도 수리에 들어간다.

이상의 모든 현상을 보면 정수면, 특히 깊은 수면에는 낮에 지친 뇌를 비롯한 신체 조직들이 쉴 수 있도록 해 주고, 그렇게 해서 절약한 에너지로 세포를 수리하는, 영리한 기능이 있다고 보는 것이 타당하다.


## 역설수면

역설수면은 정수면과는 매우 대조적이다. 역설수면을 취하고 있을 때 뇌의 전기 활동은 상당히 빨라서 1초에 5~10회 정도로 나타나며, 상대적으로 진폭도 작아진다. 깨어 있으면서 평온한 상태나 잠이 막 들 때의 상태와 비슷하다고 할 수 있다.

역설수면을 취하는 시간은 수면 시간 전체로 볼 때 4분의 1밖에 되지 않는다. 역설수면 중에는 눈동자가 이쪽저쪽으로 아주 빠르게 움직인다. 그래서 역설 수면을 급속 안구 운동 수면이라는 뜻으로 'Rapid Eye Movement Sleep'을 줄여 'REM 수면'이라고 부르기도 한다.

역설수면 중에는 몸에 여러 가지 신기한 현상이 일어난다. 그중 한 가지는 주변이 아주 조용한데도 고막에는 마치 소리가 울릴 때와 같은 떨림이 나타난다는 것이다. 심지어 뇌의 전기 활동과 눈, 고막의 움직임만 보면 깨어 있는 사람이라고 생각할 수도 있다. 그런데 뇌는 깨어 있는 상태와 유사하지만, 근육은 깊이 잠든 것처럼 완전히 긴장이 풀려 있다. 미셸 주베가 '역설수면'이라고 이름 붙인 이유는 바로 이와 같이 앞뒤가 맞지 않는 상황 때문이다.

역설수면 단계의 20퍼센트에 해당하는 시간 동안에는 눈이 흔들리기도 하고, 손가락 끝이 어쩌다가 움찔 움직이기도 하며, 고양이의 경우 귀와 수염이 씰룩거리기도 한다. 그러나 그 시간을 제외한 다른 시간에는 근육은 최대한으로 이완된 상태이다. 이렇게 근육이 완전히 풀린 상태를 **무긴장증** 상태라고 한다. 아무리 잘 단련된 요가 전문가라 해도, 깨어 있는 상태에서 무긴장증 상태를 흉내 낼 수가 없다. 정수면 상태에서는 앉은 채 잘 수 있지만, 그렇게 자고 있던 사람도 역설수면 단계에 이르면 의자에서 떨어진다. 고양이와 말도 정수면 중에는 각각 스핑크스 자세로 자거나 서서 잘 수 있지만, 역설수면에 이르는 순간 몸이 풀어지고 만다. 새의 경우는 다리 관절을 고정하는 체계를 가지고 있어서 역설수면 중에도 나뭇가지에 계속 앉아 있을 수 있다.

**추체피질**이라고 부르는, 운동을 명령하는 뇌 영역의 상태를 기록해 보면, 역설수면 중에 이 영역이 대단히 활동적으로 움직이고 있으며, 척수를 향해 움직이라는 명령을 보내고 있음을 확인할 수 있다. 이 명령은 척수에서 내리는 반대 명령에 의해 차단된다. 척수에서 운동 신경을 억제하는 글리신을 분비하여 실제로 명령이 실행되는 것을 막는 것이다.

왜 상위 중추에서는 움직이라는 명령을 보내고 하위 영역인 뇌간에서는 움직이지 말라는 반대 명령을 보내는 것일까? 이는 마치 뇌가 실제로 그렇게 하지는 않으면서 뛰고 말하고 움직이는 척하는 것과도 같다. 뒤에서 보게 되겠지만, 역설수면 중에 운동을 억제하는 체계가 제대로 작동되지 않는 사람은 마치 병이 있거나 약을 먹었을 때처럼, 자면서 걷고 소리 지르고 발버둥치는 등, 꿈속의 행동을 그대로 실행하는 일이 생길 수 있다. 그러다가 자신이나 옆사람이 다치기도 하는 것이다.

역설수면 중에 움직이지 못하게 하는 체계는 아마도 그러한 피해를 없애기 위해 동물이 진화를 한 결과인 것 같다. 왜냐하면 모든 온혈 동물, 즉 포유류와 조류에게서 역설수면이 나타나기 때문이다. 그중 흰 족제비와 고양이에게서 가장 두드러지게 나타나는데, 사람의 역설수면 시간이 스물네 시간 중에 100분인 데 비해, 흰 족제비는 300분을, 고양이는 200분을 역설수면으로 보낸다. 반면에 파충류와 어류, 양서류에서는 역설수면이 확인된 바가 없으며, 악어류의 경우만 일주일에 몇 분 역설수

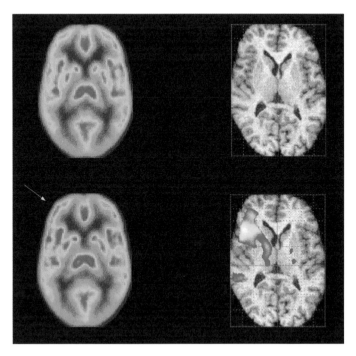

**양전자 방출 단층 촬영 사진**

면에 빠지는 것으로 알려져 있다.

현재 우리는 **뇌기능 영상**을 이용해서, 이런저런 의식 상태에
서 어떤 뇌 영역이 활발히 작용하는지 눈으로 볼 수 있게 되었
다. 제일 많이 사용되는 방법은 양전자를 이용한 촬영법이다.
방사성 포도당 유도체를 우리 몸에 주사하면 가장 활동적인 뇌
세포들이 그것을 양분인 줄 알고 섭취하는데, 그렇게 해서 포

눈꺼풀이 감기지 않도록 고정해 놓고,
눈이 마르지 않게 물을 뿌렸더니 학생들은 눈을 뜨고 잘 수가 있었다.
잠시 후 학생들을 깨워서 어떤 꿈을 꾸었는지 물어보았는데,
자는 동안 보여 준 물체를 꿈에서 본 학생은 한 명도 없었다.

도당 유도체가 세포에 쌓이면(이 포도당 유도체는 세포가 실제로 사용할 수 없도록 미리 변형해 둔 상태이다.) 어느 영역이 더 활성화되어 있고 활성화되어 있지 않은지가 입체적으로 확인이 가능하다.

뇌는 정수면일 때보다 역설수면일 때 전체적으로 더 활동적이다. 역설수면 상태에서는 정수면 때보다 포도당을 3분의 1 정도 더 소비하는데, 이는 깨어 있을 때와 비슷한 수준이다. 하지만 에너지를 소비하는 영역은 깨어 있을 때와 다르다. 역설수면을 관리하는 영역이 위치한 뇌간, 시각 연합 영역, 감각 영역, 근육 통제 기능을 맡는 신경 중추 영역, 그리고 **대뇌변연계** 🍎 조직 중에서도 특히 감정을 기억하는 데 중요한 역할을 하는 편도체 부분에서 주로 활동이 활발히 나타난다.

반대로, 망막에서 보내는 영상을 받는 일차 시각 피질은 활성화되지 않는다. 이는 우리가 역설수면 중에는 외부 세계를 보지 않는다는 뜻이다. 실제로, 40년 전에 미국 학자 앨런 레츠차펜*은 자원한 학생들을 대상으로 눈을 뜨고 자는 실험을 한

● ● ●

**앨런 레츠차펜**(Allan Rechtschaffen) 미국 시카고 대학에 재직 중인 정신 의학자이자 심리학자.

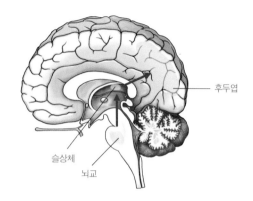

후두엽

슬상체

뇌교

PGO파의 경로

적이 있다. 눈꺼풀이 감기지 않도록 고정해 놓고, 눈이 마르지
않게 물을 뿌렸더니 학생들은 눈을 뜨고 잘 수가 있었다. 이어
서 레츠차펜은 역설수면 상태에 있는 학생들의 시야에 마오쩌
둥˚의 『붉은 어록』˚과 비디오테이프, 커피포트 등 특징이 분

● ● ●

**마오쩌둥**(毛澤東, 1893~1976)  중국의 정치가로 공산주의 운동가. 1948년부터
1976년까지 중국의 최고 지도자였으며, 대약진 운동과 문화 대혁명으로 중국을
자립적으로 만들려고 했다. 1976년 천안문 사건으로 고립된 채 죽었다.
**붉은 어록**  문화 대혁명 시기에 마오쩌둥을 지지하고 혁명을 추진했던 군인과 청
소년 집단 홍위병이 마오쩌둥의 어록을 붉은 표지의 책으로 만들어 들고 다녀, 붉
은 어록이라고 부른다.

명한 물체들을 보여 주었다. 잠시 후 학생들을 깨워서 어떤 꿈을 꾸었는지 물어보았는데, 자는 동안 보여 준 물체를 꿈에서 본 학생은 한 명도 없었다. 따라서 역설수면 중의 뇌는 외부 영상을 전혀 보지 못한다고 봐야 할 것이다. 꿈에서 보는 영상들은 이차 시각 영역에서 만들어지는데, 뇌교에서 시작해서 슬상체를 거쳐 후두엽에 이르러 나타나는 예리하고 집중적인 파동, 즉 **PGO파**˚가 처리한 영상을 보는 것으로 추측된다.

동물에게서만 찾아볼 수 있는 뇌 심층 조직의 활동을 기록해 보면, 실제로 진폭이 아주 큰 파장을 볼 수가 있다. 그 파장들은 깊은 수면 끝에서 띄엄띄엄 나타나다가, 역설수면에 들어서면 3분음표나 4분음표처럼 한꺼번에 나타난다. 파장이 한꺼번에 나타날 때, 동시에 눈도 빨리 움직인다. 뇌기능을 영상으로 찍어서 파동 여정을 간접적으로 시각화하는 것도 가능하다. 영상(시각 영역), 소리(청각 영역), 감정(대뇌변연계)을 활성화하는 그 파동이 꿈의 악보일 것이라고 생각하고 있다. 그것을 증명하는 일은 몹시 어려운 문제로 남아 있긴 하지만 말이다.

다음 쪽의 그림은 고양이의 뇌 표층 전기 활동(그림에서는

●　●　●

**PGO파** ponto-geniculo-occipital의 준말. 뇌교-슬상체-후두엽이란 뜻이다.

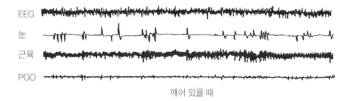

EEG

눈

근육

PGO

깨어 있을 때

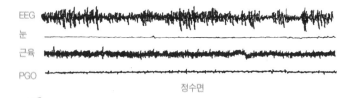

EEG

눈

근육

PGO

정수면

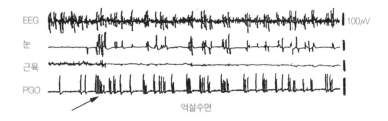

EEG

눈

근육

PGO

100μV

역설수면

**고양이의 뇌 표층 전기 활동**

EEG. 진폭은 마이크로볼트로 표시되어 있다.)과 심층 조직, 즉 시각 경로의 중계 조직인 시상 슬상체 영역의 활동(그림에서 PGO)을 기록한 것이다. 역설수면 중에 매우 짜임새 있는 예리한 파동, PGO파가 나타나는 것을 볼 수 있는데(화살표로 표시한 부분), 이 파동이 꿈에서의 영상과 감각, 감정을 활성화한다는 가설을 세워 볼 수 있다.

요컨대 역설수면 동안에는 세 가지 일이 벌어진다.

첫째, 시각과 청각의 신경 세포와 감정이 활성화한다. 둘째, 신경 세포와 감정을 활성화하는 몸속의 시스템에 종속된 어떤 시스템의 작용으로 눈과 고막이 움직인다. 셋째로, 다른 시스템이 나서서 자는 동안에 우리가 움직이는 것을 막는다. 이 별난 수면은 가상의 영상과 실제적인 목적이 없는 움직임이라는 점에서, 비행기 조종사들이 훈련을 할 때 사용하는 항공 시뮬레이션과 비슷한 점이 많다.


## 수면 주기

수면의 단계를 자동차 변속기에 비유하자면, 역설수면은 5단 속력으로 봐야 할 것이다. 출발하자마자 그 속도에 다다를 수 있는 것이 아니라, 정상 속도를 우선 지나가야 하니까 말이다. 실제로 역설수면은 항상 정수면 다음에 나타나며, 역설수면이 나타남으로써 하나의 수면 주기가 끝난다. 하나의 수면 주기는 평균적으로 1시간 30분이 걸린다. 하룻밤의 수면 시간은

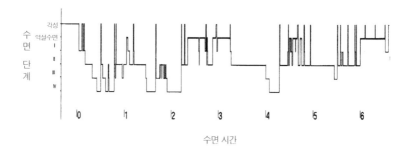

건강하고 젊은 성인의 수면 시간에 따른
수면 단계를 나타낸 히프노그램

3~5개의 수면 주기로 이루어져 있는데, 초반의 주기는 더 길고, 후반으로 갈수록 더 짧아진다. 따라서 역설수면은 매일 밤세 번에서 다섯 번 정도 나타나며, 첫 번째 역설수면은 매우 짧고, 아침에 잠이 깨기 전 마지막에 나타나는 역설수면은 대단히 길어서 30분 동안 지속되기도 한다.

위의 히프노그램을 보면 수면 초기에는 역설 수면이 짧게 나타났다가 점점 길어진다. 얕은 수면의 1, 2단계와 깊은 수면의 3, 4단계는 수면 초기에는 많이 보이다가 점점 없어진다. 잠에서 깨는 순간이 짧게 자주 나타나는 것을 볼 수 있는데, 하지만 정상적인 사람의 경우 그것을 기억하지는 못한다.

# ● 뇌

　뇌는 대뇌, 소뇌, 뇌간이라는 세 부분으로 크게 나뉜다.

　뇌간은 척수에서부터 이어져서 넓어지는 관 형태로 되어 있으며, 연수, 뇌교, 중뇌, 시상, 시상하부로 다시 나뉜다. 뇌간은 생명 유지에 필수적인 역할을 하는 중요한 부분으로, 심장을 뛰게 하고 숨을 쉬고 소화를 하고 땀을 흘리고 동공에서 물체를 반사하는 등 생리적인 자율 기능을 담당한다. 뇌간의 여러 곳에는 망상체(reticular formation)라는 부분이 있어 거미줄처럼 대뇌의 여러 곳과 연결된다. 망상체가 각성 상태를 유지하기 때문에 뇌간이 심하게 손상되면 의식을 잃으며, 잠도 뇌간에서 조절한다. 뇌간은 또한 척수와 연결되어 있어 운동 신경이나 감각 신경이 지나가는 통로 역

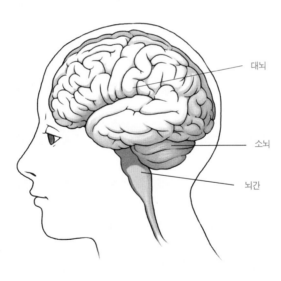

대뇌

소뇌

뇌간

**뇌의 구조**

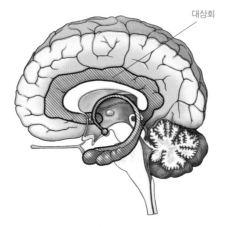

**변연계** (빗금 친 부분)

할을 한다. 대뇌 운동 중추에서 내린 명령은 뇌간을 통해 척수로 이어져 온몸으로 퍼지고, 감각 기관에서 들어온 정보는 척수로 퍼진 후 뇌간을 통해 대뇌 감각 중추까지 이어진다.

대뇌는 뇌의 75퍼센트를 차지하며, 변연계(limbic system)와 신피질(neocortex)로 나뉘어 있다.

변연계는 뇌간과 대뇌 바깥쪽 신피질 사이에 숨겨진 원형 회로를 가리키며, 대상회, 편도체, 해마로 이루어져 있다. 변연계는 사랑이나 공포와 같은 감정을 주관하며, 해마는 기억을 담당한다.

신피질은 뇌의 겉부분을 이루고 있는 회색 주름 부분으로, 뇌의 모양을 가리킬 때 가장 먼저 떠올리는 부분이기도 하다. 우뇌와 좌뇌라고 할 때 가리키는 것도 신피질이다. 신피질은 언어, 계산, 판단, 추리 등의 기능을 담당하고 있는데, 각 부분이 전문화되어 있으며 서로 합동하는 체제를 이루고 있다. 왼쪽 뇌는 분석과 논리를 담당하고, 오른쪽 뇌는 세상에 대한 인식, 공간적 감각, 음악적인 부분을 담당한다. 이 좌우의 뇌

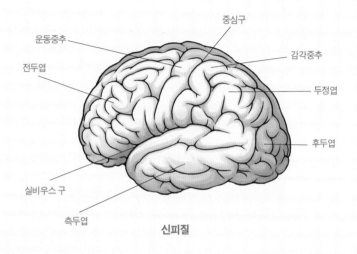

중심구

운동중추

감각중추

전두엽

두정엽

후두엽

실비우스 구

측두엽

**신피질**

를 뇌량(corpus callosum)이 이어 주고 있다.

신피질은 전두엽, 두정엽, 측두엽, 후두엽의 네 부분으로 나뉜다.

전두엽(frontal lobe)에서는 상황에 따라 판단을 내리고 결정을 내리는 일을 하며, 운동 중추가 있어 인간의 신체 근육의 움직임을 통제하기도 한다.

두정엽(parietal lobe)은 머리 꼭대기에 있고 신피질의 중심에 있는 부분이다. 위치 때문에 두정엽에서는 여러 부위의 신피질에서 전해지는 정보를 종합하며, 감각 중추가 있어 외부에서 전해지는 감각을 받아들이고 공간과 외부를 인식하며 계산하는 기능을 담당한다. 두정엽과 전두엽은 중심 구(central sulcus)를 경계로 나뉘며, 두정엽과 측두엽은 실비우스 구(sylvius fissure)로 경계를 이룬다.

후두엽(occipital lobe)은 뒷부분에 있으며 시각 중추가 있어, 눈으로 본 사물을 인식한다.

측두엽(temporal lobe)은 옆부분에 있으며 청각 중추가 있어 듣는 기능을 담당한다. 또한 귀로 들은 언어를 이해하는 부분도 있다. 안쪽에는 후각 중추가 있고 변연계의 해마 및 편도체와 연결되어 있다.

후두엽과 두정엽을 감각령이라고 부르며, 운동령을 제외한 전두엽의 앞부분과 측두엽은 연합령이라고 한다.

소뇌는 뇌간과 대뇌 사이에 있는 둥근 부분으로, 신체 각 부위의 운동을 조합해 평형을 유지하고 운동이 원활하게 이뤄지도록 정교하게 조정하는 일을 담당한다.

# 2

## 비몽사몽간에
## 무슨 일이 일어날까?

## 비몽사몽간에는 무슨 일이 일어날까?

한 나라에서 다른 나라로 가려면 국경을 지나야 하는 것처럼, 완전히 잠에 빠지기 전에는 보통 잠이 들락 말락 하는, 깨어 있는 것과 잠 사이의 '비몽사몽' 상태가 있다. 이때는 몸의 모든 세포가 각성과 수면 사이, '비몽사몽' 상태가 된다. 그런데 살아남기 위해서 반만 잠을 잘 수 있는 능력이 발달된 동물도 있다. 예를 들어, 오리는 부리와 머리를 날개에 묻은 채 잠을 자지만, 한쪽 눈은 밖을 향해 뜬 채로 주위를 경계한다. 뇌의 한쪽 반구만 잠을 자고, 다른 한쪽 반구는 깨어 있으면서, 뜬 눈을 통해 들어오는 영상을 받는다. 그 덕분에 오리는 자다가도 순식간에 적을 탐지하고 달아날 수가 있다. 돌고래 역시 절반만 잠을 자는데, 한쪽 눈을 뜨고 자는 것이 아니라 한쪽 콧

구멍을 열어 놓고 잔다. 돌고래는 포유류이므로 잠을 자면서도 호흡을 해야 하기 때문이다. 뇌 반쪽이 잠을 자는 동안, 깨어 있는 다른 반쪽에서 지느러미와 뒷목 근육에 명령을 보내, 한 쪽 콧구멍을 물밖에 내놓게 하는 것이다.

사람의 경우 뇌 반쪽만 잠을 자는 것은 질병에서도 돌연변이에서도 관찰된 바가 없다. 대신 비몽사몽간의 경계 상태, 즉 **의식 해리 상태**로 인해 야기되는 이상 증상들을 볼 수 있다.

**허탈 발작**은 기면증 환자[*]에게서 나타나는데, 뇌는 잠을 자지 않는데도 근육이 갑작스럽게 잠에 빠져 역설수면의 무긴장증 상태처럼 되는 증상이다. 허탈 발작 환자들은 멀쩡하게 깨어서 웃거나 농담을 하고 있다가도 갑자기 근육에 힘이 빠진다. 처음에는 말이 느려지면서 무슨 말을 하고 있는지 알아들을 수 없게 되다가 결국 기운이 빠져 주저앉고 만다. 이 때에도 의식은 또렷하게 남아 있다는 점이 심장병이나 간질의 경우와 다르다.

● ● ●

**기면증** 밤에 충분히 잤는데도 낮에 이유 없이 졸리고 무기력감을 느끼는 증세로, 흔히 졸음과 함께 갑작스러운 무기력증을 수반한다. 1∼15분 동안의 발작적인 수면 후에는 어느 정도 정신이 맑아지고 잠이 덜 오는 것을 느끼나, 한두 시간이 지나면 또 다시 졸린 증세를 보인다

**몽환 행동**은 허탈 발작에 반대되는 증상이다. 몽환 행동 환자는 역설수면 동안 뇌는 깊은 잠에 빠져 있지만, 보통 사람이 잘 때처럼 근육이 완전히 이완되지 않고 깨어 있을 때와 똑같이 힘이 들어가 있다. 그 결과 손짓을 하고 운동을 하고 싸움을 하고 말을 하는 등, 꿈에 나오는 행동을 자면서 그대로 하는 것이다. 그럴 때 깨워 보면 꿈을 쉽게 기억해 낸다. 행동이 과격할 경우에는 다른 사람들의 눈에 띌 수밖에 없다. 어떤 환자는 수영장에서 신나게 수영을 하는 꿈을 꾸다가 깨었더니, 부인이 그가 침대에서 수영을 하다가 떨어질까 봐 발목을 꼭 붙잡고 있더란다. 또 어떤 환자는 떡갈나무로 만든 무거운 침대 탁자를 들더니, "악어 떼다! 악어 떼가 몰려오고 있어!"라고 소리 지르면서 부인을 향해 탁자를 휘둘렀다. 아프리카에서 카누를 타고 강을 내려가는 꿈을 꾸고 있었던 것이다.

갓난아기는 태어난 후 몇 달 동안 꿈과 관련된 두 가지 특이한 현상을 보인다. 첫 번째는 곧바로 역설수면 단계로 들어간다는 것이고, 두 번째는 몽환 행동을 보인다는 것이다. 그래서 갓난아기의 역설수면을 흥분 수면이라고 부르기도 한다. 예를 들어, 젖을 빤 직후 잠이 든 아기의 얼굴을 보면, 미소를 짓거나 불만스러운 표정을 짓거나, 눈살을 찌푸리거나, 겁을 내거나 놀란 표정을 짓는 등, 사람이 지을 수 있는 모든 표정을 지어 가며 자는 것을 볼 수 있다. 깨어 있을 때는 아직 웃는 표정을 지을 줄 모르는데도 말이다. 사람과 마찬가지로, 새끼 고양이나 강아지도 너무 어려서 역설수면 중에 근육을 충분히 제어하지 못하면, 눈은 감고 몸도 옆으로 쭉 뻗어 누운 채로, 으르렁거리거나 짖거나 야옹거리거나 기거나 뛰는 시늉을 하면서 꿈을 표현하는 것을 볼 수 있다. 다 자란 고양이의 경우, 역설수면을 관리하고 특히 역설수면에서 무긴장증 상태를 만드는, 뇌간에 있는 청반이라는 아주 작은 부분이 손상되면 몽환 행동을 하게 된다. 상상의 먹이를 향해 살금살금 다가가거나 풀쩍 뛰어 올라 덤벼드는 등, 고양이의 꿈에서 나올 법한 장면을 그대로 연출하는 것이다. 물론 주위를 실제로 보지는 않는다. 동물이 몽환 행동을 보이는 현상은, 역설수면 중일 때 동물들의 머릿속에 꿈과 비슷한 일이 일어난다는 것을 강력하게 시사한다. 우울증 치료를 받는 사람도 몽환 행동을 보인다.

**몽유병**은 몽환 행동과는 조금 다르다. 역설수면 상태가 아니라 깊은 수면 중에 나타나고, 꿈을 기억하지 못한다. 하지만 깊은 수면 중에는 약화되어야 할 근육의 힘이 비정상적으로 유지되는 것과, 정교한 몸짓과 행동을 하는 것이 관찰된다는 점에서는 몽환 행동과 동일하다. 몽유병의 몸짓들은 몽환 행동 때에 비해서 비교적 고르고 조용하게 나타나는데, 일어나고 걷고

비몽사몽간의 의식 해리 상태에서
몽환 행동, 몽유병, 입면 환각, 야경증 등 이상 증상들이 나타난다.

먹고 문을 여는 등의 행동을 적응이 안 된 것처럼 약간 서투르게 하며, 눈은 반쯤 뜬 채로 허공을 바라보고 있다. 몽유병 환자는 의식이 들면서 몹시 혼란스러워하기 때문에 완전히 깨우기가 어렵다. 그 상태에서 깨면 몹시 불쾌해 하며, 마취에서 잘못 깨어났을 때처럼 공격적인 패닉 상태를 동반하기도 한다. 몽유병은 아이들에게서 매우 자주 나타나는 현상이지만(이와 반대로 몽환 행동은 성인이나 신경 질환을 앓고 있는 사람에게 더 많이 나타난다.) 그 정확한 성질은 아직 밝혀지지 않고 있다. 가족 모두가 몽유병 증세를 보이는 경우도 있는데, 그에 관한 유전학 연구가 현재 진행 중이다.

**야경증**은 몽유병의 사촌이라고 보면 된다. 야경증이 있는 사람은 깊은 수면 중에 갑자기 소리를 지르면서 깨어난다. 심장이 무척 빠르게 뛰고, 머리는 땀에 흠뻑 젖는다. 몇몇 사람들의 얘기를 들어보면 무서워서 그랬다고 하는데, 그렇다고 해서 무서운 꿈을 꾼 것은 아니며, 대부분 자다가 깼다는 사실을 기억하지도 못한다. 그렇게 비명을 지르는 것은 밤에 유령을 봤기 때문이라고 해석하는 문화가 많다. 야경증과 몽유병은 한 가족 내에서 함께 발견되기 때문에, 과학자들은 두 증상의 원인이 유전적으로 같을 거라고 추측한다.

**입면 환각**은 아직 깨어 있지만 뜨고 있거나 막 감은 눈에 꿈의 영상이 보이는, 아주 흥미로운 현상이다. 이때 보이는 환각은 대단히 또렷하며, 그냥 잠을 청할 경우 계속 따라다니다가, 정신을 집중하고 눈을 뜨거나 불을 켜면 사라진다. 1848년에 알프레드 모리°가 이 증상에 관해 최초로 이야기했다. 모리는 입면 환각이란 '수면과 각성 사이에서 일어나는 착각'이라고 설명했다. 가장 흔한 입면 환각은 한없이 떨어지는 것으로, 깜짝 놀라서 깰 때까지 그 느낌이 계속된다. 입면 환각을 경험하는 사람들 중에는 문을 두드리는 소리나 계단을 오르는 발소리, 또는 자기 이름을 부르는 목소리를 듣는 사람도 있다. 방에 무언가가 있다는 느낌이 드는 경우도 있는데, 친숙한 것인지 낯선 것인지에 따라 유쾌하거나 불쾌한 기분이 들 수 있다. 입면 환각 중에는 환영을 볼 수도 있는데, 상당히 정교한 환영도 나타날 수 있다. 손이 크게 부푼다거나, 무언가가 스치고 지나간다거나, 자기 손이 어떤 따뜻한 손을 잡고 있는 듯한 느낌이 드는 등 몸에 대한 감각이 달라지는 환영도 있다. 입면 환각으로 인해 마비가 일어날 수도 있는데, 환각에 대한 두려움이 클

• • • •

**알프레드 모리**(Alfred Maury, 1817~1892) 프랑스의 학자. 프랑스 아카데미 부사관 및 국립 사료 관장을 지냈다.

수록 마비가 심해진다.

  정상적인 사람에게도 가벼운 입면 환각 현상이 나타나며, 잠에 들 때뿐만 아니라 잠에서 깨는 아침에도 입면 환각 현상이 나타날 수 있다. 잠이 부족할 때, 술이나 수면제에 취해 있을 때, 앞에서 말했던 기면증이나 파킨슨 병, 길랑 바레 증후군에 걸렸을 때에도 입면 환각 현상이 나타날 수 있다.

  위에서 살펴본 증상을 보면, 눈을 뜨고 말을 하고 팔과 다리를 움직이고 있다고 해서 그 사람이 깨어 있다고 단정할 수는 없다. 꿈을 꾸는 중이거나 뇌가 잠을 자는 상태일 수도 있기 때문이다. 이는 수면 중에 뇌의 전기 활동을 느리게 만드는 시스템이 잘 돌아가고 있더라도, 잠을 자는 동안 우리가 움직이는 것을 막아 주는 뇌의 시스템은 오작동하거나 제대로 돌아가지 못하는 경우도 있다는 것을 뜻한다. 따라서 두 시스템은 서로 분리되어 있음을 알 수 있다.

● ● ●

**파킨슨 병**(Parkinson's disease)  손이나 몸이 떨리고 근육이 강직되고 몸동작이 느려지면서 자세의 불안정을 보이는 신경 퇴행성 질환.
**길랑 바레 증후군**(Guillain-Barré Syndrome)  하체에서 상체로 점차 마비가 진행되어 올라가는 특징을 가진 질환. 파킨슨 병과 길랑 바레 증후군은 발견자의 이름을 따서 붙은 이름이다.

# 3

# 꿈,
## 너무나 실제적인 현상

## 꿈이란 무엇일까?

우리는 지금 매우 중요한 출발점에 서 있다. 꿈을 어떻게 정의하느냐에 따라 인지 심리학이 거둔 성과가 완전히 달라질 수 있기 때문이다. 1953년에 유진 애서린스키와 너대니얼 클레이트먼이 역설수면을 발견할 당시, 그들은 피험자에게 다음과 같이 물어서 그 질문에 대한 답을 모으는 방식으로 꿈에 대한 기억을 수집했다.

"꿈을 꿨습니까? 어떤 꿈인가요?"

실험 결과, 역설수면 상태에서 깼을 때 꿈을 기억한 사람은 27명 중에 23명이었던 반면, 정수면 상태에서 깼을 때 꿈을 기억한 사람은 28명 중에 2명뿐이었다. 이러한 실험 결과 때문에 꿈은 역설수면 중에만 꾼다는 생각이 사실로 굳어졌다.

그러나 몇 년 후, 데이비드 풀크스˙는 수면자에게 던지는 질문을 약간 바꿔서 꿈에 접근했다.

"잠에서 깨던 순간 머릿속에서 어떤 일들이 벌어지고 있었습니까?"

풀크스는 그 질문에 대한 답으로 얻은 꿈의 내용에 0점에서 7점까지 등급을 매겼다. 얼마나 다채로운지, 즉 장면의 수가 얼마나 많은지, 얼마나 앞뒤가 들어맞는지, 그리고 실제 생활과 얼마나 비슷한지에 따라 등급이 달라졌다.

기억이 없거나 꿈을 꾸지 않은 경우……0점

꿈을 꾸긴 했는데 다 잊은 경우……1점

하나의 장면을 본 경우……2점

하나 이상의 장면을 본 경우……3점

꿈 내용의 앞뒤가 들어맞는 경우……4점

● ● ●

**데이비드 풀크스**(David Foulkes, 1935~ ) 미국의 신경 과학자. 와이오밍 대학교 꿈 연구실 주임과 조지아 정신 건강 연구소 소장으로 재직했으나 현재는 은퇴했다. 꿈과 관련된 저서, 특히 아동의 꿈과 관련된 저서를 여러 권 저술했다.

꿈을 꾸는 당사자가 등장해서 행동을 하고, 그 행동이 어떤 결과를 일으키며, 행동과 결과가 앞뒤가 들어맞고 상세한 경우⋯⋯5점

처음부터 끝까지 긴 시나리오에 따라 움직이고, 환각 같은 영상이 나타나지만, 일상과 매우 비슷한 경우⋯⋯6점

처음부터 끝까지 긴 시나리오에 따라 움직이고, 꿈을 꾸는 당사자가 등장하며, 많은 영상이 나오고, 내용이 이상하고 기묘한 경우⋯⋯7점

일반적으로 꿈이라 하면 7점 항목을 생각하는 경우가 많다. 예를 들어 주인공이 공중을 떠돌다가, 날아다니고, 갑자기 싸움을 하다가, 삼십 년 전에 쳤던 대학 입학 시험을 다시 치는 꿈은 7점으로 분류된다. 이렇게 길고 이상한 꿈은 대개 수면 시간 끝에서 나타나는데, 내용이 이상한 데다가 잠에서 깨기 직전에 꾼 것이기 때문에 더 뚜렷하게 기억이 나는 것 같다. 꿈을 기억하는 일에 대해서는 뒤에서 다시 알아볼 것이다.

잠자는 시간 전체에 걸쳐 꿈의 기억을 체계적으로 수집해 보면 의외의 결과가 나오는데, 역설수면 중에도 정수면 중에도 '커피를 타고 있었다.' '집세 생각을 하고 있었다.'처럼 일상생활과 관련된 단순한 꿈이 자주 나타난다는 것이다.

꿈은 잠자는 동안 어느 단계에서든 수집할 수 있기는 하지만, 역설수면 중에 깼을 경우 수집할 확률이 80~100퍼센트인 반면, 정수면에서 깼을 때 꿈을 수집할 수 있는 확률은 50퍼센트 정도밖에 되지 않는다. 게다가 정수면일 때는 잠이 얼마나 깊이 들었는지에 따라, 즉 잠의 단계에 따라 꿈의 내용이 변화하는 걸 볼 수 있다. 잠이 드는 단계인 1단계에서는 영상이 단순히 나열될 뿐, 시나리오에 따라 연결되지는 않는다. 그리고 2단계에서는 영상과 감정은 적고 개념적인 내용이 주로 나타난다. 깊은 수면인 3단계와 4단계까지 들어가면 수면자는 꿈을 잘 기억하지 못한다. 역설수면 단계에 들어서면 꿈에 감각과 감정이 더 많아진다.

그런데 꿈의 내용은 잠의 단계와 상관없이 수면 시간 전체를 기준으로도 변한다. 잠이 들고 얼마 지나지 않았을 때에는 머릿속에는 지적이고 개념적인 것이 더 많이 떠오른다. 반면 잠이 든 후 시간이 많이 지날수록 뇌에서 만들어지는 환각과 영상, 감각의 수가 늘어난다. 그래서 새벽 무렵이면, 정수면의 2단계와 역설수면 단계에서 나타나는 꿈이 비슷해진다.

# 꿈은 어떻게 수집할까?

꿈의 수집은, 앞에서 봤던 입면 환각의 현상들을 조사하는 것과 마찬가지로, 나비를 채집하는 일과 비슷하다고 할 수 있다. 꿈의 기억을 수집할 때는 어떤 방법을 사용하느냐가 중요하다.

첫 번째 방법은 피험자가 자발적으로 깨기를 기다리는 것이다. 피험자는 잠에서 깨자마자 자신의 꿈 이야기를 기록하거나 녹음한다. 그 내용을 모아 꿈 일지를 만드는 것이다. 이 방법은 꿈에서 가장 두드러지는 기억만을 남기는 경향이 있고, 수집률도 낮은 편이다. 성인의 경우 실험을 시작하고 나서 첫 일주일 동안에 꿈의 기억을 평균 2.29개 수집할 수 있다. 일주일이 지나, 실험 과정이 익숙해지면 꿈을 기억하는 비율이 높아질 수는 있다.

꿈을 수집하는 두 번째 방법은, 피험자를 깨우는 것이다. 이 때에는 수면자의 수면 상태를 기록하고 있어야 한다. 이는 밤새 무작위로 할 수도 있고, 어떤 수면 단계에 들어서고 몇 분 후에(일반적으로는 10분 후에 깨운다.) 할 수도 있다. 보통 수면 연구소에서 사용하는 방법으로, 피험자는 며칠 동안 계속 연구소에서 잠을 자면서 연구소 침실 환경과 머리에 전극을 붙이고 자는 것에 적응해야 한다. 최근 몇 년 전에는 연구실이 아니라 각자 자기 집에서 자면서 꿈을 수집할 수 있는 기술이 개발되었다. 더 자연스럽게 꿈을 꿀 수 있는 조건이 조성된 것이다. 피험자가 머리에 착용하는 기계도 수면 다원 검사기보다 더 가벼워졌다. 미국 학자들이 수면 모자(Night Cap)라고 이름 붙인 이 기계는 수면 단계까지 구분하지는 못하지만 정수면 상태에서 깨어났는지, 역설수면 상태에서 깨어났는지를 87퍼센트까지 정확하게 구별할 수 있다. 피험자는 신호가 울리면 일어나서 수면 기록도 같이 해 주는 녹음기에 꿈의 기억을 남긴 다음 다시 잠든다. 꿈 애기를 한 후, 꿈에서 어떤 느낌을 받았는지, 어떤 감정을 느꼈는지 등에 대한 짧은 질문들에 답을 하기도 한다. 실험은 몇 주 동안 계속될 수 있는데, 그렇게 해서 수천 가지 꿈을 얻고 나면 그것을 '꿈 은행'에 모아 둠으로써 꿈의 수집이 완료되는 것이다.

## 꿈은 어떻게 분석할까?

꿈에 대한 분석은 정신 분석학과는 아무 관계가 없다. 꿈 은행에 모아 둔 사례를 분석하는 사람은 전문 심리학자이다. 심리학자들은 '내가 꾼 꿈은', '그것이 무엇과 비슷했냐 하면' 과 같은 군더더기 표현들은 빼고, 중요한 단어들이 몇 개인지를 세어 본다. 그러한 단어의 개수를 통해 꿈의 첫 번째 '무게'를 정하는 것이다. 그다음에는 앞에서 본 풀크스의 점수를 따라 꿈을 분류하거나, 꿈의 내용이 '미래에 대해 생각하고 있었다' 와 같이 개념적인 것인지, 아니면 '빨간 자동차를 보았다', '엄마가 나를 부르는 소리를 들었다' 와 같이 시각, 청각, 촉각, 미각, 후각 같은 느낌이 들어가는 지각적이고 환각적인 것인지에 따라 꿈을 분류한다. '무서웠다', '반가웠다' 와 같이 감정이 나타나는지, 피험자와 관련된 지리적인 표시나 시간적인 표시가 보이는지, 색깔이 있는지 없는지 등으로도 꿈에 점수를 매길 수 있다. 최근에는 통계적인 방식으로 내용을 분석함으로써 수백만 개의 단어를 가족, 일, 사회 관계, 성, 여행 등 주제별로 모으기도 한다. 심리학자가 피험자와 함께 꿈의 내용을 재검토하고 실제 생활과 비교하기도 하는데, 실행하기가 어렵기 때문에 잘 쓰지 못하는 방법이다.

# 왜 꿈을 기억하지 못할 때가 있는 것일까?

항상 꿈을 기억하느냐는 질문을 던져 보면, 앨런 레츠차펜이 그랬던 것처럼, 꿈을 기억하는 비율이 예상보다 훨씬 낮다는 사실에 놀랄 것이다. 정상인의 6.5~20퍼센트가 꿈을 전혀 기억하지 못한다고 한다. 대신 꿈을 한 번도 꿔 본 적이 없다는 사람은 매우 드문데, 0.38퍼센트밖에 되지 않는다. 꿈을 한 번도 꾸지 않았다고 해서 이들이 정신적으로 이상이 있거나 남과 다른 점이 있는 것은 아니다.

꿈에 대한 기억은 몹시 빨리 사라진다. 역설수면 상태가 10분 이상 지난 다음에 깨우면, 다섯 명 중 한 명이 자기 꿈을 정확하게 기억하지 못한다. 정수면 상태 중에 깨웠을 경우에는 둘 중 한 명이 꿈을 기억하지 못한다. 정수면 상태일 때 꿈을 기억하는 비율이 30퍼센트나 낮은 것이다. 이와 같이 사람에 따라서, 그리고 수면 단계에 따라서 꿈을 기억하는 비율이 다르다. 과학자들은 자신의 꿈을 정확하게 기억하거나 기억하지 않는 능력에 대해 계속 연구해 왔다. 이 연구들을 통해 꿈을 기억하는 능력도 훈련으로 키울 수 있다는 사실이 확인되었다. 실제로 꿈을 기억해야겠다고 마음먹고 주의를 기울여, 잠에서 깨자마자 침대 머리맡에 둔 공책에 꿈을 적기 시작하면, 꿈을 기억하는 비율이 빠르게 높아진다. **메모리 스팬**\*을 통해 측정할 수 있는, 순간 기억력이 좋은 사람이 자신의 꿈을 더 잘 기억한다.

꿈을 기억해 내려면 이론적으로, 단기 기억으로 제어하는 정보를 재빨리 장기 기억으로 옮기는 능력이 필요하다.\* 꿈을 기억하는 능력에서 이러한 순간 기억력의 역할이 중요하다고 가정하면, 정수면에서 꿈이 보다 적게 수집되는 이유는 뇌에서 꿈을 적게 만들어 내기 때문이 아니라, 정수면에서 깰 때 기억을 담당하는 부분이 더 느리게 활동을 재개하기 때문이라고 추측할 수 있다. 몽유병이나 몽환 행동을 보이는 환자들을 관찰해 보면 그러한 가설을 뒷받침해 주는 증거를 구할 수 있다. 몽유병 환자는 정수면의 깊은 수면 중에 있을 때 몽유병 행동을 보이는데, 그때 깨워도 일반적으로 아무런 꿈도 기억하지 못한다. 역설수면 중에 나타나는 몽환 행동의 경우 이런저런 행동을 보이는 것은 몽유병과 같지만, 몽환 행동 중인 사람을 깨우

● ● ●

**메모리 스팬**(memory span)  어떤 숫자들을 한 번 들은 다음 바로 따라할 수 있는 숫자의 개수. 보통 사람은 일곱 개 정도를 기억한다

**단기 기억과 장기 기억**  경험한 것을 수 초 동안만 의식 속에 유지해 두는 즉각적인 기억 작용을 단기 기억이라고 하고, 수 개월에서 길게는 평생 동안 의식 속에 유지하는 기억 작용을 장기 기억이라고 한다.

면 바로 꿈을 떠올려 이야기를 한다.

　50년간 꿈에 관해 연구한 미국 학자 앨런 홉슨*은 잠을 자는 동안 머릿속이 정확히 어떻게 돌아가는지를 알기 위해, 서로 다른 수면 단계에 있는 사람들을 깨워서 곧바로 철자 바꾸기 문제를 풀어 보게 했다. 그 결과는 정수면에서 깨웠을 때보다 역설수면에서 깨웠을 때 훨씬 문제를 잘 푸는 것으로 나왔다. 따라서 역설수면에서 깰 때 기억을 더 잘할 뿐만 아니라 다른 뇌기능도 활성화되어 있다는 것을 알 수 있다.

　최근 폭넓게 사용되는 항우울제 약품 중에는 **세로토닌***이 신경에 더 많이 전달되도록 조절하는 것들이 많은데, 이러한 약물을 복용하면 역설수면이 줄면서 꿈에 대한 기억도 줄어들다가, 치료한 지 몇 주가 지나면 반대로 감정과 소리와 이상한 내용이 많이 들어가고 더 뚜렷한 꿈을 꾸게 된다는 사실이 확인되었다. 이러한 사실로 미루어 볼 때 세로토닌이 꿈의 표현이나 적어도 꿈에 대한 기억을 조정하는 듯하다. 마찬가지로,

● ● ●

**앨런 홉슨**(Allan Hobson)　미국 하버드 대학교 의과 대학 정신과 교수로 있으며 '신경 생리학·수면 연구실' 책임자로 일하고 있다. 1988년에 '올해의 과학자상'을 받았다.
**세로토닌**　사람의 기분과 식욕, 수면 욕구에 중요한 역할을 하는 뇌 전달 물질.

**도파민**˚을 이용한 치료도 주목할 만한데, 도파민 역시 꿈을 변경해 더 뚜렷하게 만들어 주는 효과를 가지고 있다.


## 이전에 있었던 일들을 꿈꾸는 것일까?

최근에 있었던 일들이 꿈의 내용에 섞여 나타나는 데에는 엄격한 규칙은 없는 것처럼 보인다. 아주 중요한 일이었는데도 꿈에 전혀 나타나지 않기도 하고, 하찮은 일들이 꿈에 나오기도 하니까 말이다. 꿈에는 보통, 지난달의 잔재가 65~70퍼센트, 하루 이틀 전의 잔재가 30~35퍼센트 정도 포함되어 있다.

로버트 스틱골드˚는 최근에 겪은 일이 어떤 방식으로 꿈에 섞여 나타나는지를 알아보기 위해, 지원자들을 뽑아 스노보드 시뮬레이션 게임을 시켜 보았다.

눈이 쌓인 비탈길 영상이 펼쳐지는 커다란 스크린을 보면서 측면으로 움직이는 보드를 타는 게임으로, 지원자들은 발 아래

● ● ●

**도파민** 중추 신경계에서 뉴런의 신경 전달 물질로 작용하는 물질.
**로버트 스틱골드**(Robert Stickgold) 하버드 대학 교수로 재직 중인 정신 병리학자.

최근 경험이 정수면에서는
있었던 그대로 재현되고,
역설수면에서는 원래 상황이
변형되어 나타난다는 것을 알 수 있다.

로 땅이 지나가는 것처럼 느끼면서 장애물을 피하기 위해 보드를 조정하며 움직였다. 다음 날 밤, 수면 1단계에서 깨우자 그들은 보드를 타는 꿈을 꾸고 있었노라고 얘기했다. 반면 역설수면 중에 깨웠을 때는 내려가고 미끄러지고 올라가는 느낌에 대한 이야기는 여전히 있었지만, 눈에서 보드를 타는 것만이 아니라, 자동차를 타고 언덕을 달리는 것과 같은 내용들이 추가되어 있었다. 보드를 탔던 사람들을 따라와서 보드는 타지 않고 영상만 봤던 사람들의 꿈도 동일하게 나타났다.

이 실험을 통해, 최근에 받은 훈련은 얕은 수면에서는 처음 그대로의 형태로 복습되고, 역설수면에서는 원래 상황에서 벗어나 구상을 거친 형태로 바뀐다는 것을 알 수 있다. 그리고 실제로 경험하지 않고 영상을 보는 것만으로도 꿈에서 그 감각들을 느낄 수 있다는 것 역시 알 수 있다.

## 우리가 배운 것은 잠을 자는 동안 복습이 될까?

최근의 경험이 꿈에 섞이는 것으로 보아, 꿈이 우리가 낮에 배운 것을 다져 주는 역할을 하는 것은 아닐까 하는 의문이 생긴다. 동물과 사람을 대상으로 한 일련의 실험들을 보면 그 생각이 맞는 것 같다. 예를 들어, 별 모양의 미로를 준비해서 한 쪽 끝에는 초록색 불을 켜 두고, 다른 한쪽 끝에는 맛있는 먹이를 두고, 또 세 번째 끝에는 전기 충격을 주는 장치를 한 다음 쥐를 넣어 두면, 쥐는 어떤 길이 좋은 길인지 빨리 알아 나간다. 길을 익히는 동안 쥐의 해마에서는 신경 세포가 한꺼번에 활성화되면서 일종의 지도가 만들어지는데, 윌슨과 맥노턴은 이러한 지도, 즉 '뇌의 주름'이 정수면과 역설수면 중에도 생긴다는 것을 보여 주었다. 쥐가 자는 동안 미로 탐험을 다시 하기라도 하는 것처럼 말이다. *

이것이 바로 리플레이(replay) 이론이다.

사람의 경우에도 새로운 작업을 배우면, 깨어서 그 작업을 하는 동안 활동한 뇌 영역이 역설수면 중에 다시 활동한다. 벨기에의 피에르 마케 연구팀이 피험자에게 컴퓨터 모니터 화면 위로 움직이는 반짝거리는 점을 조종기로 쫓아가는 게임을 시켰다. 그러자 피험자들이 잠을 자는 동안, 주로 시각과 손의 운동에 관계하는 뇌 영역이 역설수면 중에 다시 활동을 했다. 또한 방법을 익히고 하룻밤을 잔 다음 테스트를 할 경우 실수는

● ● ●

**쥐의 미로 탐험**　MIT 교수 매튜 윌슨(Matthew Wilson)과 애리조나 대학 교수 브루스 맥노턴(Bruce L. McNaughton)이 1994년 7월 발표한 내용이다.

새로운 방법을 익히고 하룻밤을 잔 다음 테스트 하면
전날보다 훨씬 좋은 결과가 나온다.
자는 동안 역설수면 상태에서 낮에 배운 것을 반복하기 때문이다.

적어지고 정확성과 속도는 빨라지는 등, 성과가 훨씬 좋게 나온다는 것도 확인할 수 있었다. 반면 방법을 익힌 그날 밤은 재우지 않고 다음 날 자게 한 경우에는 테스트 결과가 그저 그렇게 나왔다. 공부하는 학생들에게 꼬박꼬박 잠을 자고 밤을 새지 말라고 권하는 데는 다 그럴 만한 이유가 있는 것이다.


## 꿈에서는 왜 이상한 일이 벌어질까?

꿈에서 특정한 일이 계속 반복되는 경우가 있는데, 이는 신경 생리학을 통해 설명할 수 있다. 움직이지 못하는 꿈이 바로 그러한 예다. 꿈에서 쫓아오는 사람이나 공격을 해 오는 사람에게서 생명의 위협을 받고서 달아나려 하지만, 얼어붙은 것처럼 그 자리에서 마비가 되어 달아나지도 못하고, 도와 달라고 소리를 지르지도 못하는 꿈을 누구나 한 번쯤 꿔 봤을 것이다. 이는 역설수면 중에 지속되는 마비 현상, 즉 움직일 수 없는 상태를 꿈에서 일시적으로 지각한 탓에 나타나는 현상일 가능성이 높다.

꿈에서 나타나는 또 다른 특이한 현상은 화자와 말이 분리되는 것이다. 누군가가 말을 하며 입술이 움직이고 있는데 말은 들리지 않을 때도 있고, 반대로 어떤 말이 들리기는 하는데 어디에서 나오는 소리인지는 알 수 없을 때도 있다. 그런데 고양이를 대상으로 관찰을 해 본 결과, 깨어 있을 때나 역설수면이 아닌 다른 수면 단계에서는 좌뇌와 우뇌가 **뇌량**을 통해 서로 계속 소통을 하지만, 역설수면 중에는 몇 분간 소통을 멈춘다는 것이 확인되었다. 오른손잡이를 기준으로 했을 때, 말을 만들고 분석하는 좌뇌 영역이 우뇌에 위치한 공간 해석 영역과 긴밀하게 접촉하던 것을 중단하는 것이다. 그 결과 분할 뇌(둘로 나뉜 뇌) 상태가 된다. 이것은 뇌량 부위가 외과적으로 절단된 후에 신경학적으로 관찰되는 상태와 같은데, 이 상태 때문에 꿈에서 화자와 말이 분리되는 이상한 현상이 생기는 것이다.

시간과 공간에 대한 기준이 없어지고 비판 감각이 약해지는 것도 꿈의 특성이다. 예를 들어 시험을 쳤는데 떨어진다든지, 시험 시간에 지각을 한다든지 하는 꿈을 꿀 때가 있다. 실제로는 그 시험을 친 지 몇 년이 훨씬 지났고, 또 현실에서는 당당하게 합격했는데도 말이다.

이상한 일들이 꿈속에서 일어나도 수면자는 놀라지 않는다. 어떤 사람이 새의 부리를 가지고 또박또박 말을 해도, 자신이 새처럼 날고 있어도 아무렇지도 않다. 반면 쓰거나 읽는 것과 같은 정교한 인지 활동을 하는 꿈을 꿨다는 사람은 드물다.

역설수면 중의 뇌를 뇌기능 영상으로 분석해 보면, 앞에서 설명했던 대로 시각 영역과 감정 영역을 비롯한 몇몇 영역에서는 활발한 활동을 하고 있는 한편, 다른 몇몇 영역에서는 반대로 활동이 줄다 못해 억제되어 있는 것 또한 볼 수 있다. 특히 계획, 비교, 비판과 같은 복잡한 기능을 담당하는 **전전두 영역**의 활동이 억제된다. 꿈속에서 비판 감각이 없어지는 것은 역설수면 중에 전두엽의 기능이 저하되는 사실과 관계가 있을 것이다. 이것은 또한 역설수면 중에 자의식이 없어지는 원인이기도 하다. 즉 수면자는 자신이 꿈을 꾸는 중이라는 사실을 모른다는 것이다. 자신이 무엇을 하고 있는지를 아는 것은 전두엽이 관리하는 지식이기 때문이다.


## 악몽이란 무엇일까?

악몽은 내용이 무섭고 상세한 꿈을 가리킨다. 악몽을 꾸면 불안과 공포에 휩싸이며, 아주 기분 나쁘게 잠에서 깬다.

악몽은 대부분 역설수면에서 꾸며, 정수면에서 악몽을 꾸는 경우는 드물다. 악몽을 꾸는 사람의 상태를 기록해 보면 깨기

3분 전 역설수면 동안 심장 박동과 호흡 속도가 빨라지는 것을 볼 수 있다. 깨고 나면 안색이 창백해지고 땀이 나며, 동공이 확대되는 등, **아드레날린**[*]이 분비되었을 때 나타나는 반응들이 나타난다. 하지만 악몽 중에 울었다 해도 일어날 때는 마른 눈으로 깨며, 악몽 속에서 비명을 질렀어도 실제로는 소리가 나오지 않는 비명이거나 신음하는 정도에 지나지 않는다.

대다수 사람들이 악몽을 경험하고 있고, 심리적인 문제가 없는데도 악몽을 자주 꾸는 사람들도 간혹 있지만, 악몽은 특히, 목숨이 위험에 처하는 급박한 상황 속에서 심리적으로 큰 충격을 받은 사람들에게 반복해서 나타난다. 외상 후 스트레스 증후군의 한 부분으로, 불면증, 사건의 플래시백,[*] 아드레날린과 함께 작동되는 몸의 위기 관리 시스템이 비정상적으로 계속 활성화하는 것도 거기에 포함된다. 악몽을 꾸는 사람은 꿈 속에서 충격을 받았던 장면을 끊임없이 다시 겪는데, 원래와 같은 형태일 때도 있고, 변형된 형태일 때도 있다.

악몽에 시달리는 사람은 결국 잠이 드는 것을 두려워하게

● ● ● ●

**아드레날린** 위급한 상황이 닥쳤을 때 나오는 호르몬.
**플래시백** 사고 장면이 순간적으로 재현되는 것.

악몽을 꾸는 사람은 꿈속에서 충격을 받았던 장면을 끊임없이 다시 겪는데,
원래와 같은 형태일 때도 있고, 변형된 형태일 때도 있다.

된다. 수면제, 항불안제, 신경 진정제 같은 약들도 악몽에는 아무런 효과가 없다. 최근 베트남 전쟁과 걸프 전쟁 참전자들의 외상 후 스트레스 증후군을 조사하는 연구팀에서는 아드레날린 수용체 몇 가지를 차단하는 약품이 악몽을 줄여 주고, 악몽의 내용을 완화해 준다는 것을 보여 준 바 있다. 심근경색과 고혈압을 막기 위해 심장병 환자에게 일반적으로 많이 사용하는 약품으로 아드레날린 수용체를 차단할 경우 아무에게나 악몽을 유발할 수 있다는 점에서 그 연구팀의 결과는 더 돋보인다.

한편 수면 무호흡°을 겪는 환자도 악몽이나 자신이 어려운 상황에 처해 있는 꿈을 많이 꾸는 것으로 알려져 있다. 그리고 악몽은 어린이와 젊은 여성에게서 더 자주 나타난다.

그렇다면, 결국 꿈이란 무엇이라고 할 수 있을까? 모든 새로운 연구 결과를 종합해서, 현재는 꿈이란 잠을 자는 동안 최근에 일어난 일과 배운 것을 주로 반복하는, 하나의 정신 활동이라고 보고 있다.

● ● ● ●

**수면 무호흡** 잠을 자는 도중에 상부 기도가 막혀서 호흡이 중단되는 증상.

그런데 이런저런 수면 단계에 적용할 때 맞지 않는 부분이 있기 때문에 이 가설 또한 본질적으로 수정되고 다듬어지고 있다. 역설수면의 경우, 주변에 대한 지각이 축소되고, 비판을 하는 뇌 영역의 작용이 감소되며, 영상과 감정을 담당하는 영역의 기능은 높아지고, 감각과 동작의 시뮬레이션을 일으키는데, 이 모든 것이 근육이 마비된 상태에서 어우러지기 때문에 컴퓨터 시뮬레이션을 연상시키는, 매우 특이한 성질을 보이니까 말이다.

꿈을 정신 활동으로 보는 생각의 두 번째 문제는, 정수면에서 기억의 어떤 한 형태, 즉 현재 생각하고 있는 것을 기억하는 능력이 제대로 작동하지 않는 것이다. 몽유병 환자의 경우 자기가 생각하는 것에 따라 행동하고 있음이 확실한데도 깨우면 자신이 무엇을 했는지 거의 이야기를 못하는 것처럼 말이다. 이로 인해 자신의 꿈에 접근하기가 어려워지는 경향이 있다.

# 4

잠은 **왜** 자고
꿈은 **왜** 꾸는 것일까?

## 잠은 왜 자고 꿈은 왜 꾸는 것일까?

　잠자고 꿈꾸는 것이 어디에 소용이 있는지는 아직 풀리지 않은 중요한 질문이다. 수면의 기능은 정확하게 확인된 바가 없다.

　가장 일반적인 가설은, 앞에서 보았던 대로 뇌가 휴식을 취함으로써 기력을 회복하는 기능이라는 것이다. 깨어 있으면서 기운을 회복할 때 뇌에서 사용하는 에너지인 포도당, 산화, 신경 전달 물질, 아데노신 삼인산(ATP)$^{®}$ 이 수면 중에는 전혀 감소되지 않는 것으로 측정된다.

　동물이 갖고 있는 어떤 신체 기관의 기능을 알아내기 위해 생리학에서 사용하는 방법 중 하나는, 그 기관을 없앤 다음 어떠한 결과가 일어나는지 관찰하는 것이다. 마찬가지로 동물에게서 잠을 뺏으면 어떻게 되는지를 알아보려면, 잠이 들려고 할 때마다 전기 자극을 가하거나, 물에 빠지지 않기 위해서 계속해서 걷게 만드는(또는 근육을 수축시키게 만드는) 강제적인 방법을 사용해야 한다. 동물 스스로 잠을 참을 리는 없기 때문이다.

결론은, 동물이 잠을 못 자면 곧 엄청난 스트레스 상태에 빠진다는 것이다. 이 스트레스 상태는 재활 환자들에서 볼 수 있는 상태와 비슷하며, 궤양에 걸리거나 심장 박동이 증가하거나 많이 먹어도 체중이 감소하거나 체온이 저하되는 현상 등을 보이다가 결국 10~30일 이내에 죽게 된다. 정수면은 그대로 두고 역설수면만 박탈할 경우 15~60일까지는 살 수 있다.

이 모든 사실은 수면이 생명 유지에 중요한 기능을 한다는 것을 보여 준다. 물론 오랫동안 스트레스를 주면서 잠을 못 자게 했을 때 몸에 나타나는 결과와 단 하룻밤을 샌 다음 느끼는

● ● ●

**아데노신 삼인산(Adenosine Triphosphate)** 생물체는 호흡을 통해 유기물을 분해하여 그 속에 들어 있는 에너지를 저장해 놓고 필요에 따라 꺼내어 쓰는데, 그 에너지가 저장되어 있는 곳이 바로 ATP다. 세포의 미토콘드리아에서 합성되는 ATP는 아데닌에 인산기 3개가 붙어 있는 구조로 이루어져 있는데, 생물이 에너지를 필요로 할 때 인산기 하나가 떨어져 나간 ADP(Adenosine Diphosphate)로 분해되고, 이때 발생되는 에너지를 생물에 공급한다.

결과는 아무 관계가 없다. 매우 드물게 나타나는 질환이긴 하지만, 몇 달 동안 계속 잠을 못 자는 증상을 동반하는 신경 질환이 두 가지 있다. 하나는 크로이츠펠트-야콥병*과 유사한 치명적 가족성 불면증인데, 이 병에 걸리면 일 년 안에 죽게 된다. 다른 하나는 넉 달 이상 잠을 안 자는 모르반 증후군*인데, 이는 일시적인 것으로 생명에는 지장이 없다.

자원자를 대상으로 사람이 잠을 안 잘 경우 어떻게 되는지 알아본 결과, 반사 감각이 무뎌지고 신호를 잘 감지하지 못하

● ● ●

**수면과 스트레스**  앨런 레츠차펜은 쥐를 대상으로 한 실험을 통해 잠이 생명 유지에 필수적이라는 사실을 확인시켜 주었다. 이 실험에서 레츠차펜은 잠을 못 잔 쥐들이 평소보다 두 배 이상 먹어도 몸무게는 10~15퍼센트 감소했으며, 17일이 지나자 잠을 못 잔 쥐들이 죽기 시작하는 것을 보았다. 쥐가 아무것도 안 먹고 살 수 있는 기간이 약 16일 정도라는 것과 비교해 볼 때, 잠이 먹이만큼이나 생명 유지에 중요한 요인이 된다는 것을 보여 준다.

**크로이츠펠트-야콥병**(Creutzfeldt-Jakob disease)  치매를 비롯한 다양한 신경 장애를 나타내는 퇴행성 뇌질환.

**모르반 증후군**(Morvan syndrome)  혈액 중에 있는 항체가 신경막이나 세포막에 있는 전해질 K 통로를 막아 버려서 발생하는 희귀병. 온몸이 뒤틀리면서 통증이 오고 땀을 많이 흘리며 체중이 감소한다. 특히 매일 밤 9시에서 10시 사이에 보고 듣고 만지고 냄새 맡는 모든 것이 환각처럼 느껴진다. 잠은 한숨도 못 잔다. 그러나 잠이 부족하다고 전혀 느끼지 못한다. 기억력도 그대로이고 피로도 안 느낀다. 이런 상태가 5~6개월 지속된다.

며 반응 시간이 더 오래 걸리고 주변의 장애물을 잘 보지 못하는 등 주로 뇌의 정교한 기능이 타격을 입는 것으로 나타났다. 또한 잘못된 판단을 내리고 무기력해지고 결정을 내리질 못하고 예민해지면서 때때로 환각 증상을 겪기도 했다. 이는 수면이 다른 어떤 기관보다도 뇌의 작용에 중요한 역할을 한다는 사실을 암시한다.

한편 나흘 동안 5시간 미만으로 자게 하는 등 잠을 부분적으로 박탈할 경우, 포도당 신진 대사 장애로 당뇨병 전증이 나타나고 아드레날린이 증가하며, 식욕 증가로 인한 장애가 나타난다는 것이 아주 최근에 밝혀졌다.

잠을 규칙적으로 자고, 잠은 참지 말아야 한다는 사실이 고금을 통틀어 진리로 밝혀진 셈이다.

그렇다면 꿈은 어디에 쓰이는 것일까?

이번에도 역시 가설만 있을 뿐 확실한 것은 없다. 임상적 관찰에 근거를 두고 있는 프로이트 이후의 정신 분석 학자들은 꿈이 무의식의 표현이자 수면자의 숨겨진 욕망이 빠져나온 것이라고 본다. 꿈에 어떤 의미가 숨어 있다고 보는 점에서는 고대인들도 같았는데, 고대에는 꿈이 신의 계시로 여겨졌고, 그 의미는 마법사만이 밝혀 낼 수 있었다.

동물의 경우 갓 태어나서부터 어릴 때까지는 역설수면의 비율이 아주 높다가 나이가 들면서 그 비율이 감소하는 것을 알 수 있다. 이는 역설수면 단계가 뇌의 발달과 성숙에 필요하리라는 가정을 하게 만든다. 갓난아기들이 누군가의 얼굴을 보고 웃으며 반응할 수 있게 되기 몇 주 전에 역설수면 상태에서 먼저 웃는다는 사실은 사람이 하는 대표적인 행동들을 역설수면 중에 준비하고 배운다는 것을 암시한다. 역설수면에서 뇌가 매우 특별한 활동을 보이고, 쌍둥이들의 경우 역설수면 중 눈의 움직임이 서로 비슷하다는 사실에 근거해서, 미셸 주베는 매일 밤 꿈이 우리의 개성을 굳히는 데 사용되고, 그 결과 출생 이후 개인이 서로 달라지게 된다는 의견을 내놓기도 했다. 말하자면, PGO파를 통해 인격의 주름이 뇌에 새겨진다는 얘기다.

꿈에 대한 또 다른 이론은, 우리 뇌가 죽지 않는 한 계속해서 생각을 하고 계속해서 창조를 하고 있다는 것을 강조한다. 단지 뇌가 어떤 영역을 사용하느냐에 따라 우리 사고가 취하는 형식만이 바뀐다는 것이다. 따라서 역설수면 중에 머릿속에 어떤 특별한 움직임이 보이는 것도 전두엽의 기능이 저하되고 감정 영역이 활성화하면서 일어난 결과일 뿐, 어떤 특별한 의미가 있는 것은 아니라고 설명한다. 정수면 중에는 사용할 수 있는 경로가 바뀌면서 그 사고가 다른 형태를 띠는 것일 뿐이라는 말이다. 이 이론이 극단적으로 가면, 꿈이란 아무런 쓸모도 없는 뇌의 노폐물에 지나지 않는다는 이론도 있다.

끝으로, 꿈과 수면은 기억을 하는 과정, 또는 기억을 다지는 과정이라고 보는 의견이 있다. 이는 우리가 앞에서 봤던, 신경생리학과 결합된 뇌기능 영상 연구 덕분에 가장 큰 지지를 얻고 있는 이론 중 하나이다.

앞으로 규명할 부분은 아직 많이 남아 있다. 과학적 지식과 거기에 접근하는 방법이 현재와 같은 속도로 진보하다 보면, 앞에서 말한 모든 내용이 틀린 것으로 드러날 수도 있고, 명백한 꿈의 의미를 옆에 두고 그냥 지나쳐 버렸다는 것이 확인될지도 모른다. 어쨌든 결론은 단 한 가지다. 가설을 세우고, 가능한 연구 수단을 모두 동원해서 그 가설을 검토하는 것이다. 실험하고, 실험하고, 또 실험하고……. 할 수 있는 데까지 실험하는 것, 바로 거기에 진정한 답이 있다.

## 더 읽어 볼 책들

- 김미경, 『춤추는 미로: 뇌』(성우, 2002).

- 성영신·강은주·김성일, 『마음을 움직이는 뇌, 뇌를 움직이는 마음』(해나무, 2004).

- 수전 그린필드, 박경한 옮김, 『휴먼 브레인』(사이언스북스, 2005).

- 수전 그린필드, 정병선 옮김, 『브레인 스토리』(지호, 2004).

- 앨런 홉슨, 임지원 옮김, 『꿈 : 과학으로 푸는 재미있는 꿈의 비밀』(아카넷, 2003).

**옮긴이** | 김성희

부산대 불어교육과 및 동대학원을 졸업했으며 현재 전문 번역가로 활동 중이다.

민음 바칼로레아 10

# 우리는 어떻게 꿈을 꿀까?

2판 1쇄 펴냄  2021년 3월 30일
2판 5쇄 펴냄  2024년 8월 8일

1판 1쇄 펴냄  2006년 1월 5일
1판 5쇄 펴냄  2013년 4월 24일

**지은이** | 이자벨 아르널프
**감수자** | 박경한
**옮긴이** | 김성희
**발행인** | 박근섭
**펴낸곳** | ㈜민음인

**출판등록** | 2009. 10. 8 (제2009-000273호)
**주소** | 06027 서울 강남구 도산대로 1길 62 강남출판문화센터 5층
**전화** | 영업부 515-2000 **편집부** 3446-8774 **팩시밀리** 515-2007
**홈페이지** | minumin.minumsa.com

도서 파본 등의 이유로 반송이 필요할 경우에는 구매처에서 교환하시고
출판사 교환이 필요할 경우에는 아래 주소로 반송 사유를 적어 도서와 함께 보내주세요.
06027 서울 강남구 도산대로 1길 62 강남출판문화센터 6층 민음인 마케팅부

㈜민음인은 민음사 출판 그룹의 자회사입니다.